PHILIPPE GELUCK

LES MOTS DU CHAT

casterman

Retrouvez le Chat sur i-Phone via l'Appstore
www.geluck.com
www.casterman.com/lechat

Un jour, le Chat a dit →

Quand celui qui n'a rien
donne tout ce qu'il a,
il donne cependant
infiniment plus que
celui qui a tout et qui
ne donne rien.

Un asthmatique évite de regarder sa montre à trois heures et des poussières.

Si je suis ce que je suis,
c'est parce que j'ai été
ce que j'étais
et que j'espère bien
devenir ce que je serai.

NOUS
FÛMES...

J'éprouve parfois
des difficultés
à utiliser mon
intelligence
intelligemment.

Une bouteille à moitié vide est aussi à moitié pleine. Par contre un type à moitié intelligent est généralement complètement con.

Je ponce, donc je sue.

Le paradis, c'est rempli de gens qui pendant l'éternité entière vont se raconter des souvenirs de leur vie. L'enfer, c'est pareil, sauf qu'en plus chacun a apporté ses diapos.

Le coup du lapin,
ça doit être terrible chez la girafe.

La seiche, qui vit dans la mer, restera seiche jusqu'à la fin de ses jours. Franchement, je ne sais pas comment elle fait ?

Un bon écrivain est un écrivain qui se livre.

DÉCOLLAGE

... pendant que le Chat disait tout ça ←

Geluck
écrivait
ceci...
→

Il était une fois mais pas deux

Tous les enfants du monde aiment qu'on leur raconte une histoire avant d'aller dormir. Un jour, un papa s'est dit que ça pourrait même devenir un métier : raconteur d'histoires aux enfants qui vont dormir. Il passa une petite annonce dans les journaux et, très vite, acquit une nombreuse clientèle auprès de bambins dont les parents travaillaient tard et n'avaient pas le temps, dont les parents étaient aphones ou simplement ne connaissaient pas d'histoires à raconter. Avec son vélo, il commençait sa tournée par les plus petits (qui devaient aller dormir très tôt) et la terminait par les plus âgés. Il racontait à chacun un conte différent qui durait cinq minutes. Lorsque les parents avaient choisi le forfait ou l'abonnement, il inventait une saga dont l'enfant attendait l'épisode du lendemain avec impatience. Il racontait des bluettes apaisantes aux angoissés et des paraboles assommantes aux insomniaques, mais il connaissait aussi des récits terrifiants, fantastiques ou rigolos. Le succès devint tel que notre homme se mit à gagner beaucoup d'argent, mais n'arrivait pas à terminer ses journées avant 22 heures 30 ou 23 heures. Certaines fois, il était presque minuit et les derniers enfants qu'il visitait dormaient déjà, et il était alors obligé de les réveiller pour honorer son contrat. Un jour, ses propres enfants s'en plaignirent : – Papa, tu travailles tellement que tu n'es jamais là, le soir, pour nous raconter une histoire avant d'aller au lit comme à tous les autres enfants. Pourquoi pas à nous ? Alors, notre homme se dit qu'ils avaient raison et que ça ne pouvait pas continuer comme ça. Il leur demanda s'ils étaient prêts à souscrire un abonnement, en échange de quoi il pourrait envisager de les mettre dans sa tournée. Comme les économies des petits ne leur permettaient pas une telle dépense, le raconteur d'histoires aux enfants qui vont dormir mit les siens en pension et put ainsi continuer à pratiquer son métier sans se faire emmerder par deux paumés sans le sou.

À quoi bon ?

C'est quoi la vie, au fond ? D'abord, on est bébé et ça ne sert pas à grand-chose puisque après, on ne se souvient quand même de rien. Ensuite vient l'enfance : au moment même, ça a l'air très long, mais en réalité, ça passe très vite, on ne s'en rend compte qu'après coup. Pendant cette période, on est obligé d'aller à l'école où on s'emmerde copieusement. La principale activité de la journée consiste à s'entendre faire des reproches par des adultes qui semblent prendre un malin plaisir à critiquer tout ce que vous faites. On ne s'en sort généralement bien que si on arrive à tricher en copiant sur son voisin. Quand l'école est finie, on commence à travailler. Cela signifie que sur une période de quelques décennies, on se rend plusieurs milliers de fois au bureau ou à l'usine, le plus souvent aux heures de pointe, pour y pratiquer une activité répétitive. En dehors de ça, on mange, on boit, on copule, on lit un peu et on regarde beaucoup le télé. Puis, un jour, c'est la retraite. Dans le meilleur des cas, cela dure quelques années. Enfin, on meurt et ça rend tristes quelques personnes, mais pas très longtemps. On se demande un peu à quoi ça sert ?

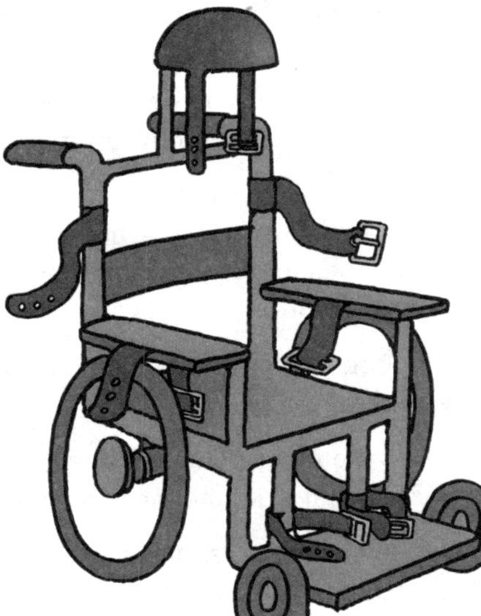

CHAISE ROULANTE ÉLECTRIQUE
POUR CONDAMNÉS À MORT HANDICAPÉS

Je suis fou de toi

À la Saint-Valentin, je couperai des fleurs que je t'offrirai.

J'irai dépecer des loutres, des martres ou autres astrakans pour te coudre un manteau de fourrure très chaud.

J'abattrai de beaux grands arbres et les débiterai en bûches que je ferai flamber dans la cheminée, pour toi.

J'arracherai des plumes aux oiseaux pour t'écrire des poèmes d'amour.

J'écraserai les mouches et les araignées dans toute la maison pour que tu n'aies pas peur.

Je gaverai mes oies pour te faire du foie gras. Nous goberons des huîtres vivantes.

Je jetterai dans l'eau bouillante des homards que je t'accommoderai à l'armoricaine et pèlerai les anguilles à vif pour te les préparer au vert.

BEN LODEN

ARRÊTÉ
EN
AUTRICHE

Je n'aime pas beaucoup qu'on partage mon opinion, j'ai l'impression de n'avoir plus qu'une demi-opinion.

Un joueur d'échecs, c'est comme la peinture : s'il n'est pas brillant, il est mat.

La flambée commerciale des sans-fil ne fait pas que des heureux : je pense notamment aux marchands de fil.

L'inventeur de la cédille est un certain Groçon. Il n'aimait pas son nom.

Les Touareg
sont les Schtroumpfs du désert.

Dans la vie, le passé,
c'est de la vie qui est déjà morte.

J'aime beaucoup le poisson cru.
Et il paraît que pour le piranha,
c'est réciproque.

**Certains papillons
ne vivent qu'une journée,
et en général, il s'agit pour eux
du plus beau jour de leur vie.**

Quand l'homme a découvert que la vache donnait du lait... Que cherchait-il exactement à faire ce jour-là ?

– COUGLOUBLOUB !
– COUGLOUBLOUGLOU !

CE SYMPATHIQUE ANIMAL
NE RISQUE-T-IL PAS DE
SE PIQUER LE CUL S'IL
VEUT REGARDER PASSER
LES AVIONS ?

Se
taire,
c'est
pareil
dans
toutes
les
langues.

Un type qui se trouve pile sur le pôle Nord,
dans n'importe quelle direction qu'il reparte,
il ira forcément vers le pôle Sud.
C'est dingue, tout ça ! C'est dingue !

**Un dictionnaire des noms propres,
ce n'est jamais qu'un annuaire
sans les numéros de téléphone.**

Le paon faisait déjà la roue bien avant que l'homme ne l'invente

CHARLES TRENET CONTINUE
À CARTONNER AUPRÈS DES JEUNES

Les riches aveugles ne regardent pas à la dépense.

Je fréquente des gens plus gros
que moi et je me sens mince.
Je fréquente des gens plus vieux
que moi et je me sens jeune.
Je fréquente des gens plus nombreux
que moi et je me sens seul.

J'AI APPRIS À MON DALMATIEN À FAIRE LE DÉ :
LE CINQ !

Pour être le meilleur,
il suffit parfois que les autres
soient moins bons.

LA VÉNUS DE MILO DE CÉSAR

Qui peut le plus peut le moins.
Et qui peut le moins
peut encore moins.

Si je devais un jour me suicider,
je le ferais le matin plutôt que le soir.
Au moins, ça fera une journée de boulot
en moins.

Si j'avais été quelqu'un d'autre,
je serais peut-être devenu
mon copain...

Un type qui veut observer
une minute de silence doit le dire avant,
sinon on croit qu'il se tait.

Vaut-il mieux parler bêtement
de choses intelligentes ?
Ou parler intelligemment
de choses bêtes ?

**La police se veut rassurante :
le passage à tabac
ne donne pas
le cancer du fumeur.**

Lorsque mes enfants
mettent leurs petits souliers
devant la cheminée,
Saint Nicolas leur dépose toujours
des semelles anti-odeur dedans.

CHEF-D'OEUVRE
EN PÉRIL

LA VÉNUS DE
MILO DE PISE

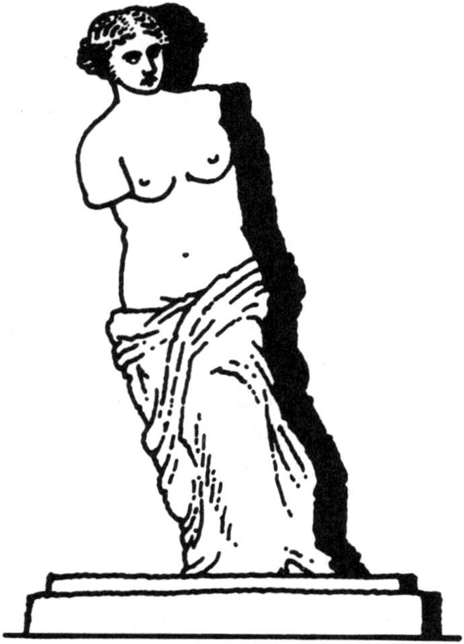

Chassez le naturel,
il revient au galop.
Chassez le lapin,
et faites-le revenir
aux pruneaux.
Chassez le naturiste,
il revient au bungalow.

Dans le passé, il y avait plus de futur que maintenant.

**Pour Œdipe,
la Saint-Valentin
tombe le jour
de la fête des Mères.**

LE FILS UNIQUE SIAMOIS

Être pauvre
coûte moins cher
qu'être riche,
et c'est pour ça d'ailleurs
qu'il y a tellement de pauvres.
Les gens
cherchent toujours
ce qu'il y a
de plus économique.

Il y a un proverbe chinois
qui dit : " Au pays
des manchots, le sourd
a de fortes chances
de devenir agent de police ".

Dans le contexte économique actuel,
le meilleur moyen
de faire remonter la bourse
reste encore
le bain de siège à l'eau froide.

LES ÉLÉPHANTS DEVRAIENT ÉVITER DE JOUER À SAUTE-MOUTON !

Quand les pieds se mettent à marcher,
on est bien obligés de les suivre.
C'est pas moi qui le dis,
c'est ma bouche !

**Lors
d'un tremblement
de terre,
les vaches suisses
se mettent
à sonner.**

Notre avenir me paraît moins stressant
depuis que je le lis
dans du marc de décaféiné.

MISS BEAUTÉ INTÉRIEURE

— 1995 —

HÉ ! TU CONNAIS L'HISTOIRE DU FAUCON QUI DIT TOUJOURS NON ?

Un type qui aime rouler vite
profite moins longtemps de son plaisir
qu'un type qui aime rouler lentement,
à kilométrage égal.

Quand ils peuvent choisir,
les livreurs de chez Coca-Cola
préfèrent porter
des caisses de Coca light.

**Nous autres bouchers,
ça nous fait bien rigoler de nous dire
que les végétariens sont en viande.**

LA VÉNUS DU FILS DE MILO

En Belgique,
on n'a peut-être pas
beaucoup
de champions du monde,
mais dans le monde,
ils n'ont pas autant
de champions de Belgique
que chez nous.

On a beau se trouver où on veut, on ne respire jamais que l'air qui est autour de son nez. Et savoir ça, ça rend humble.

La bêtise
est nettement supérieure
à l'intelligence,
car toute l'intelligence du monde
ne permettra jamais
de comprendre
la bêtise universelle,
tandis qu'un peu de bêtise
suffit amplement
à ne pas comprendre
quoi que ce soit
d'intelligent.

La mort, c'est un peu comme
la connerie. Le mort, lui,
il ne sait pas qu'il est mort.
Ce sont les autres qui sont tristes.
Le con, c'est pareil.

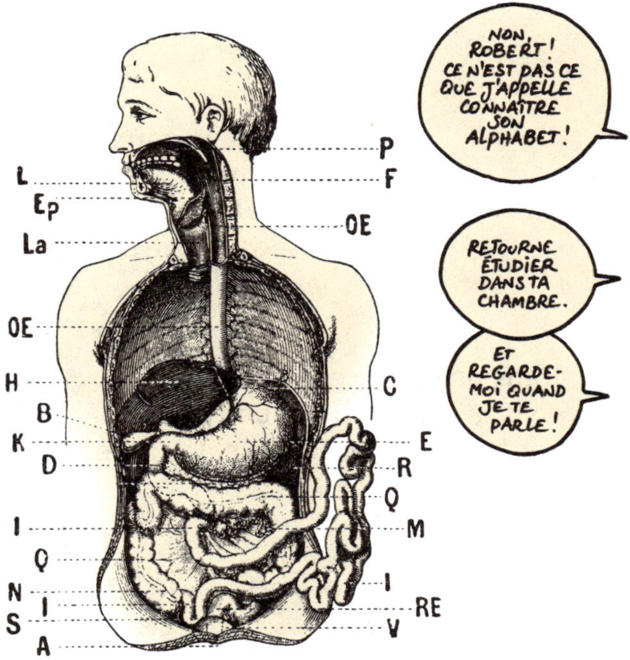

NON, ROBERT! CE N'EST PAS CE QUE J'APPELLE CONNAÎTRE SON ALPHABET!
RETOURNE ÉTUDIER DANS TA CHAMBRE.
ET REGARDE-MOI QUAND JE TE PARLE!
P
L
F
Ep
OE
La
OE
H
C
B
K
E
D
R
Q
I
M
Q
I
N
I
RE
S
V
A

Les tongs, ce sont les strings des pieds.

Entre deux années qui
se succèdent il ne s'écoule
pas plus de temps qu'entre
deux secondes qui se suivent.

Dans un roman et un dictionnaire,
il y a la même chose, une fois dans
l'ordre et une fois dans le désordre.

Les mathématiciens boivent
des demis avec des tiers, ils mangent
du quatre-quarts et des mille-feuilles
à la six-quatre-deux, et bien sûr,
ils ne portent que des habits neufs.

LES DÉS SONT PIPÉS

ET CECI N'EST PAS UNE BLAGUE

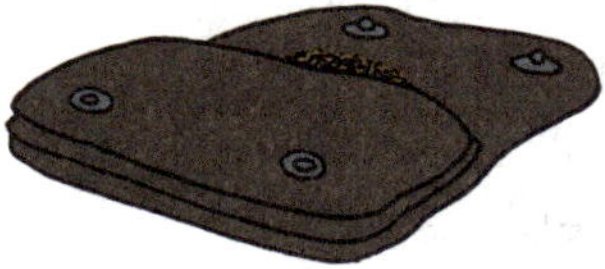

Les poissons du lac Titicaca doivent avoir mauvaise haleine.

Tous les tortionnaires savent ça :
quand on arrache les yeux
à un supplicié et qu'après,
on le photographie avec un flash,
il a les yeux rouges.

Si les pétroliers transportaient
de l'eau de mer,
on s'en foutrait
qu'ils fassent naufrage.

Beaucoup de gens sont malades
quand ils sont vieux.
C'est triste.
D'un autre côté, ça occupe.

Il paraît que même à Monaco
les rues ne sont plus sûres :
les milliardaires
n'osent plus sortir le soir.
Il y a des millionnaires
qui rôdent.

Les xénophobes me sont étrangers.

JEAN-SÉBASTIEN GILLETTE
PHOTOGRAPHIÉ QUELQUES JOURS
AVANT L'INVENTION QUI ALLAIT
LE RENDRE CÉLÈBRE

Mettre le pied sur une mine antipersonnel,
c'est un petit pas pour l'homme et
c'est un grand pas en arrière
pour l'humanité.

On ne choisit pas ses parents,
on ne choisit pas sa famille,
on ne se choisit même pas soi-même.

**Après avoir migré,
les oiseaux
doivent puer
sous les ailes...**

S'il a été bon toute sa vie,
lorsqu'un riche meurt,
il va au paradis fiscal.

Dans les pays où on meurt de faim, ceux qui doivent prendre l'avion s'arrangent pour voyager aux heures des repas.

Il n'est pas nécessaire d'être gros pour être un gros con, il suffit d'être con.

On dit qu'on apprend avec ses erreurs, mais à mon avis c'est une erreur. Et si je me trompe au moins j'aurai appris quelque chose.

Les étrangers qui habitent
tout près de la frontière sont
un peu moins étrangers
que les autres.

Je connais un type tellement con qu'il ne comprend même pas ce qu'il pense !

Je voudrais mettre en garde les journaux à scandales. Ma vie sexuelle n'intéresse personne.

Même pas ma femme.

Le chemin le plus court
d'un point à un autre,
c'est de ne pas y aller.

CABINET DENTAIRE

Les animaux se lavent en se léchant. Sauf les hérissons et les oursins.

Plus je grossis,

Je suis pour le partage
des tâches ménagères.
À la maison, par exemple,
c'est moi qui passe l'aspirateur.
À ma femme.

Si je pouvais choisir le jour de ma mort,
je choisirais plutôt le lendemain.

plus je m'aigris.

Au pays des cyclopes,
les borgnes
sont aveugles.

Si
les
lentilles
vous font
péter,
portez
des
lunettes.

Si Blanche Neige avait été un garçon, il se serait appelé Blanc Givré et le roi aurait été follement jaloux de sa beauté. Blanc Givré chanterait "Un jour ma princesse viendra" du matin au soir... et les 7 naines se seraient appelées Professeresse, Joyeuse, Timidasse, Éternueuse, Geignasse, Simplette et Casse-Couilles.

Les contractuelles ont souvent les yeux en amende.

Lire des bouquins
compliqués,
c'est un peu
le body-building
de l'âme.

J'ai rêvé que
je rêvais.

L'éternité, il paraît que ça dure
très, très, très, très, très, très,
très, très, très, très, très, très,
très, très, très, très, très, très,
très, très, très, très, très, très,
très, très, très, très, très, très...

très, très, très, très, très, très,
très, très, très, très, très, très,
très, très, très, très, très, très,
très, très, très, très, très, très,
très, très, très, très, très, très,
très, très, très, très, très, très,
très, très, très, très, très, très...

FICHE CUISINE

LA CANETTE AUX PETITS LÉGUMES

Un chef d'orchestre
a son utilité :

c'est quand il arrête
de remuer les bras
que les sourds savent
qu'ils peuvent
applaudir.

Un père spirituel
n'est pas forcément
un papa rigolo.

L'inventeur de l'escalier
habitait sûrement
au 1er étage.

Si on a un bras plus court que l'autre,
c'est pratique pour se gratter le poignet
du bras le plus long... mais que pour ça.

Peut-on rire du malheur des autres ?
Ça dépend... Si le malheur des autres est rigolo, oui.

On a mis pas mal de temps
pour inventer la roue.
Et beaucoup moins
pour inventer la roue de secours.

Puisqu'il faut bien un jour
pousser son dernier soupir,
autant que ce soit
le jour de son anniversaire,
au moins, ça peut aider
à éteindre les bougies.

Si le téléphone n'existait pas,
on devrait appeler les pompiers
par courrier.

La principale différence entre le boucher et le banquier, c'est qu'il y en a un des deux qui ne dira jamais : "Il y a un peu plus, je vous le mets ?"

Les jeunes,
c'est tous
des bons à rien.
Et ça devient pire
avec l'âge.

DANS 2 SECONDES CE SERA LE DRAME !

Je vous parie ce que vous voulez que
Madame Propre est une grosse feignasse !

Un suicide, c'est toujours un échec.
Et pourtant, un suicide réussi,
c'est tout de même une réussite,
tandis qu'un suicide raté,
c'est un double échec.

En 44, si les Alliés
avaient débarqué la veille
du jour **J**, on l'aurait appelé
le jour **i**.

Pour les poissons de mer,
les bateaux sont
des nuages.

Je te ferai aussi ma recette de canard à l'étouffée, rien que pour toi.

J'irai faire piquer mon chien pour qu'il ne te morde pas.

J'euthanasierai mon chat pour que ses poils ne te fassent pas tousser.

Je crèverai les yeux à ceux qui te regarderont avec mépris et couperai la langue à ceux qui tariraient d'éloges sur ta beauté.

Je ne cotiserai plus à la Croix-Rouge, mais j'économiserai jusqu'à pouvoir te couvrir de bijoux.

Je t'offrirai des vêtements cousus par des enfants asiatiques sous-payés.

Je t'emmènerai en croisière dans des contrées lointaines et te ferai visiter des pays où la misère est si grande que notre bonheur n'en paraîtra que plus éclatant.

Et peut-être, un jour, te rencontrerai-je dans les couloirs de l'Institut ?

Les questions

Il est dans la nature humaine de se poser des questions. Mais se pose-t-on les bonnes questions ? Voilà une question qu'on devrait parfois se poser.

À l'armée, lorsqu'on doit tuer des ennemis en fuite, est-ce qu'on abat d'abord les gros, parce qu'ils sont plus faciles à tirer ou est-ce qu'on les laisse pour la fin, puisqu'ils courent moins vite que les autres ?

Les Chinois ont inventé le papier. Très bien. Mais alors, avant, sur quoi faisait-on les photocopies ?

Pourquoi est-ce que ça sent le brûlé quand ça brûle et pas un peu avant ?

Pourquoi la boue fait-elle des taches claires sur les pantalons foncés et des taches foncées sur les pantalons clairs ?

Pourquoi la batterie de l'auto est-elle plate justement le jour où l'on doit vraiment être à l'heure ?

Pourquoi les arbres
ne font-ils pas de bruit en poussant ?

Pourquoi n'y a-t-il pas plus de lettres
dans « tout » que dans « rien » ?

Comment se fait-il qu'on n'ait pas encore réussi
à faire quelque chose contre le décalage horaire ?

Pourquoi harcèle-t-on les enfants avec des problèmes de baignoires dont le robinet débite 56 litres à la minute tandis que ne s'écoulent que 6,7 décilitres à la seconde quand on sait pertinemment que dans la vie il suffit de fermer le robinet pour ne pas s'emmerder avec de l'eau qui déborde ?

Tout fout le camp !

Tout fout le camp. Avant, on comprenait ce que disaient les chanteurs, ils articulaient. Avant, on faisait réparer les chaussures, on ne les jetait pas parce qu'un lacet était usé comme on fait maintenant. Avant, Le Soir paraissait le soir et pas le matin et c'est d'ailleurs pour ça qu'il s'appelait Le Soir et pas Le Matin. Avant, ça sentait le chocolat à côté de la gare du Midi tandis que maintenant ça sent les gaz d'échappements. Avant, on trouvait toujours une place de parking. Avant, je veux dire quand j'étais petit, Saint Nicolas existait vraiment, aujourd'hui, ce n'est plus le cas. Tout fout le camp. Avant, il y avait les méchants et les gentils. Les méchants, c'étaient les Russes et tous leurs copains, et les gentils, c'était nous. À présent, des méchants il y en a partout, même chez nous. Avant, il y avait systématiquement de la neige à Noël et on faisait des bonshommes et de la luge. À l'heure actuelle, les Noëls blancs se comptent sur le nez d'un visage et la neige perturbe tout plutôt qu'elle n'enchante. Avant, fumer ne tuait pas, l'amiante était un excellent isolant, il n'y avait pas davantage de sulfites que de raisins dans le vin rouge, on pouvait dire « mon z'ami » à un musulman sans se ramasser une fatwa aux fesses et on appelait les handicapés des « anormaux ». Avant, c'était le bon temps !

Les enfants des autres

Vous savez comme les enfants qui hurlent ont le don de me mettre hors de moi. Surtout lorsqu'il s'agit des enfants des autres et surtout si leurs cris envahissent ma bulle privée dans un espace public. Au restaurant, au cinéma, dans le train, j'estime que les jeunes parents devraient être poursuivis devant les tribunaux pour avoir laissé ouvertement brailler leur progéniture sans la bâillonner illico. Fumer dérange les voisins de table ? Les cris d'enfants, pareillement. Halte au terrorisme bambinesque ! Sous prétexte que ça marche à peine, que ça bave et que ça dit areuh, ça ne doit pas être autorisé à nous pourrir ces moments bénis où nous échappons, le temps d'un film, d'un navarin de homard, d'un Paris-Marseille, au tohu-bohu de notre société trépidante. Et je ne critique pas ici les petiots eux-mêmes, mais plutôt leurs infâmes géniteurs qui, non contents de s'émerveiller de leurs braillardises, en rajoutent à coups de « Voyons, Thomas, calme-toi ! Tout le monde te regarde ! » Les propos de la jeune mère n'ayant qu'un but : attirer sur le marmot l'attention de ceux qui avaient réussi jusque-là à rester concentrés. Mais, dans cette saga, la cerise de l'inacceptable fut posée sur le gâteau de mon endurance il y a quelques jours lorsque dans un TGV, aux vociférations d'un enfant de 3 ans, sans doute contrarié par quelque désagrément passager, succéda la voix de crécelle de sa maman qui se mit en devoir de lui lire une histoire pour l'apaiser. Qu'elle lui raconte une, deux, seize histoires de Monsieur Patate, je veux bien. Qu'elle interprète à elle seule les voix de tous les amis de Monsieur Patate, je l'admets. Qu'elle éclate de rire après chaque réplique de Monsieur Patate pour en souligner l'effet comique, passe encore. Mais pourquoi s'est-elle crue obligée de claironner cette prose à l'ensemble des 80 personnes voyageant avec elle. À quand des wagons non-enfants, des restaurants adults-only et même (oserais-je ?) des parcs d'attractions interdits aux moins de seize ans ? Ça a l'air un peu raide comme ça, je sais, mais dormez sur cette idée jusqu'à demain. Enfin, si le fils du voisin ne joue pas du tambour toute la nuit...